Iris A. Viola

BLÜTENFREUDE
Notizbuch

Format: 60 Seiten, 14,8x21 cm; 90 g/m2

Bibliografische Information der Deutschen Nationalbibliothek:
Die Deutsche Nationalbibliothek verzeichnet diese Publikation in der
Deutschen Nationalbibliografie;
detaillierte bibliografische Daten sind im Internet über http://dnb.dnb.de abrufbar.

Herstellung und Verlag: BoD – Books on Demand, Norderstedt

ISBN: 9783750430549

Weitere Notizbücher von Iris A. Viola aus der Blüten – Notizbuchreihe:

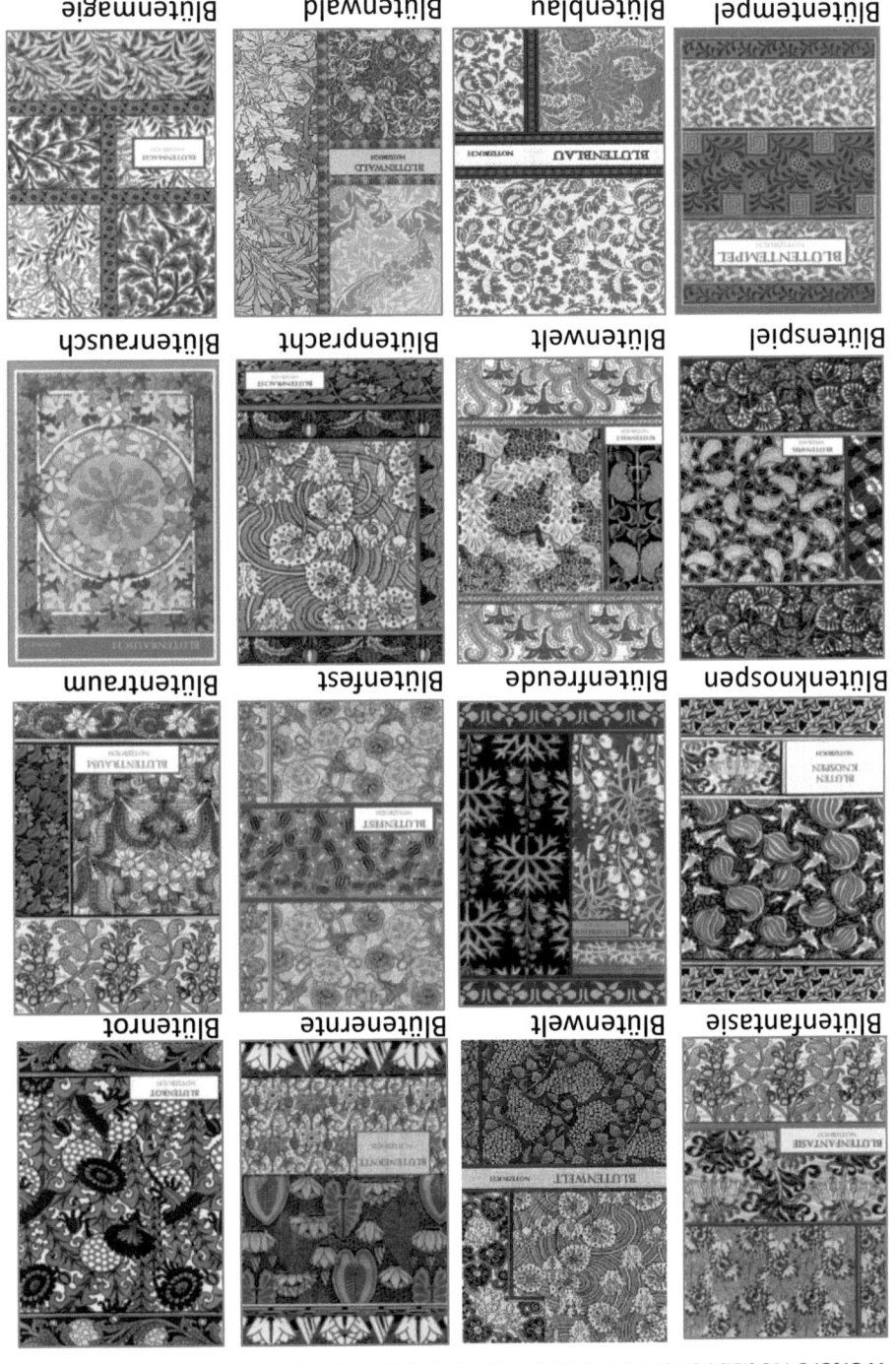

Blütenmagie   Blütenwald   Blütenblau   Blütentempel

Blütenrausch   Blütenpracht   Blütenwelt   Blütenspiel

Blütentraum   Blütenfest   Blütenfreude   Blütenknospen

Blütenrot   Blütenernte   Blütenwelt   Blütenfantasie

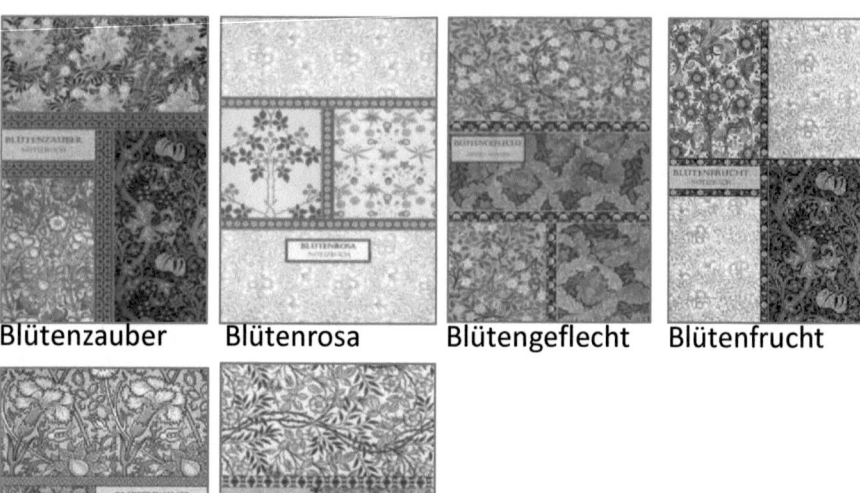

Blütenzauber Blütenrosa Blütengeflecht Blütenfrucht

Blütenkunst Blütenmeer